Pebble® Bilingüe/Bilingual Plus

La Tierra en acción/Earth in Action

Tornados/Tornadoes

por/by Mari Schuh

Editora consultora/Consulting Editor: Gail Saunders-Smith, PhD

Consultora/Consultant: Susan L. Cutter, PhD
Distinguida Profesora y Directora de Carolina/Carolina Distinguished Professor and Director
Instituto de Investigación de Peligros y Vulnerabilidad/Hazards & Vulnerability Research Institute
Departamento de Geografía/Department of Geography
University of South Carolina

CAPSTONE PRESS
a capstone imprint

Pebble Plus is published by Capstone Press,
151 Good Counsel Drive, P.O. Box 669, Mankato, Minnesota 56002.
www.capstonepub.com

Printed in the United States of America in North Mankato, Minnesota.
032010
005740CGF10

Library of Congress Cataloging-in-Publication Data
Schuh, Mari C., 1975–
    [Tornadoes. Spanish & English]
    Tornados = Tornadoes / by Mari Schuh.
    p. cm.—(Pebble Plus bilingüe. La tierra en acción = Pebble Plus bilingual. Earth in action)
    Summary: "Describes tornadoes, how they form, and the tools scientists use to predict them—in both English and Spanish"—Provided by publisher.
    Includes index.
    ISBN 978-1-4296-5355-8 (library binding)
    1. Tornadoes—Juvenile literature. I. Title. II. Title: Tornadoes. III. Series.
QC955.2.S3818 2011
551.55'3—dc22   2010004993

Editorial Credits
Erika L. Shores, editor; Strictly Spanish, translation services; Lori Bye, set designer; Wanda Winch, media researcher;
    Eric Manske and Danielle Ceminsky, designers; Laura Manthe, production specialist

Photo Credits
AP Images/Lori Mehmen, 11
Capstone Press/Karon Dubke, 15, 17
Compass Point Books/Lori Bye, 6
FEMA News Photo/Jocelyn Augustino, 21
Getty Images Inc./America 24-7/Kyle Gerstner, 7; Science Faction/Jim Reed, 13
iStockphoto/Andreas Prott, 9; David Claassen, 19
Peter Arnold/Gene & Karen Rhoden, 1, 5; Gene Rhoden, cover

Note to Parents and Teachers

The La Tierra en acción/Earth in Action set supports national science standards related to earth science. This book describes and illustrates tornadoes in both English and Spanish. The images support early readers in understanding the text. The repetition of words and phrases helps early readers learn new words. This book also introduces early readers to subject-specific vocabulary words, which are defined in the Glossary section. Early readers may need assistance to read some words and to use the Table of Contents, Glossary, Internet Sites, and Index sections of the book.

Table of Contents

Tabla de contenidos

What Is a Tornado?

Tornadoes are

very strong windstorms.

These swirling funnels

race across the land.

¿Qué es un tornado?

Los tornados son tormentas

de viento muy fuertes.

Estos embudos giratorios cruzan

rápidamente la tierra.

Where Tornadoes Form

Tornadoes happen worldwide. The central United States has hundreds of tornadoes a year. People call it Tornado Alley.

Dónde se forman los tornados

Los tornados ocurren alrededor del mundo. La parte central de Estados Unidos tiene cientos de tornados al año. La gente la llama el Callejón de los Tornados.

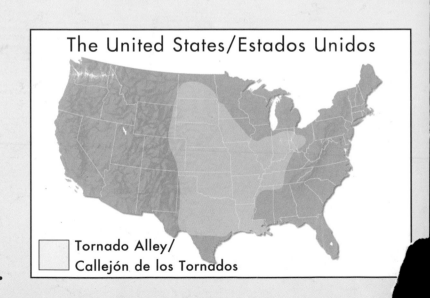

The United States/Estados Unidos

Tornado Alley/
Callejón de los Tornados

7

How Tornadoes Form

Most tornadoes happen in spring
and summer. They form from
big thunderstorms.

Cómo se forman los tornados

La mayoría de los tornados sucede
durante la primavera y el verano. Se
forman de grandes tormentas eléctricas.

During some storms, warm and cold air masses meet. Wind spins the air into a funnel cloud. If the spinning cloud reaches the ground, it is a tornado.

Durante algunas tormentas, las masas de aire caliente y frío se encuentran. El viento hace girar al aire en una nube embudo. Si la nube giratoria llega al suelo, es un tornado.

Staying Safe

Meteorologists use Doppler radar

to watch for tornadoes.

Trained people also help

spot tornadoes outside.

Cómo permanecer seguro

Los meteorólogos usan un radar

Doppler para observar tornados.

Gente entrenada también ayuda a

localizar tornados en el exterior.

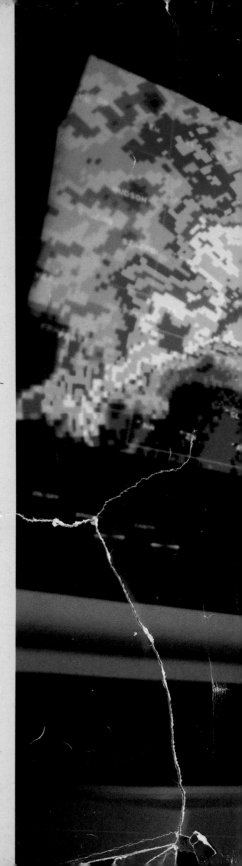

13

Outside, listen for storm sirens.

Inside, listen to the radio or

watch TV for storm warnings.

Afuera, queda atento a las sirenas

de tormentas. Adentro, escucha

la radio o mira la TV por

advertencias de tormentas.

Go to a basement or a
windowless room to stay safe.
If you're outside, lie down
in a ditch.

Ve al sótano o a un cuarto
sin ventanas para permanecer
seguro. Si estás afuera,
acuéstate en una zanja.

After a Tornado Hits

Tornado damage can show
the tornado's wind speed.
Experts rate the tornado from
one to five on the Fujita scale.

Después de un tornado

El daño ocasionado por un tornado
puede mostrar la velocidad del viento.
Los expertos categorizan a un tornado
de uno a cinco en la escala de Fujita.

19

Strong tornadoes can destroy

homes, buildings, and towns.

People work together to rebuild

after a tornado.

_____

Los tornados fuertes pueden

destruir casas, edificios y pueblos.

La gente trabaja junta para reconstruir

después que pasa un tornado.

21

Glossary

air mass—a huge body of air spread out over a large area of land or ocean

damage—harm done to buildings and towns after a storm

destroy—to break something; tornadoes can wipe out everything in their path

Doppler radar—radar that shows the wind speed and the direction of storms

Fujita scale—a scale from one to five that uses tornado damage to find out how strong a tornado was

funnel—a cone shape with an open top and bottom; tornadoes are often shaped like funnels

meteorologist—a person who studies and predicts the weather

Tornado Alley—an area of the United States that has hundreds of tornadoes a year

Internet Sites

FactHound offers a safe, fun way to find Internet sites related to this book. All of the sites on FactHound have been researched by our staff.

Here's all you do:

Visit *www.facthound.com*

Type in this code: 9781429653558

Glosario

el Callejón de los Tornados—un área de Estados Unidos que tiene cientos de tornados al año

el daño—ruptura de edificios y pueblos después de una tormenta

destruir—romper algo; tornados pueden romper todo en su camino

el embudo—forma de cono con una parte superior e inferior abiertas; los tornados son generalmente en forma de embudo

la escala de Fujita—una escala de uno a cinco que usa el daño causado por un tornado para calcular cuán fuerte fue el tornado

la masa de aire—un gran cuerpo de aire que cubre una gran área de tierra u océano

el meteorólogo—una persona que estudia y predice el tiempo

el radar Doppler—radar que muestra la velocidad del viento y la dirección de las tormentas

Sitios de Internet

FactHound brinda una forma segura y divertida de encontrar sitios de Internet relacionados con este libro. Todos los sitios en FactHound han sido investigados por nuestro personal.

Esto es todo lo que tienes que hacer:

Visita *www.facthound.com*

Ingresa este código: 9781429653558

Index

Índice